RAINER CADETE | PIETRO CADETE

OLHARES QUE FILTRAM

_mood

Dados Internacionais de Catalogação na Publicação (CIP)
de acordo com ISBD

C123o   Cadete, Rainer.
           Olhares que filtram / Rainer Cadete; Pietro Cadete. - Jandira, SP : Mood, 2024.
           96 p. ; 15,50cm x 22,60cm.

           ISBN: 978-65-830-6026-6

           1. Preconceito. 2. Relatos. 3. Racismo. 4. Pais. 5. Filhos. 6. Sentimentos. I. Cadete, Pietro. II. Título.

                                               CDD 305.80981
                                               CDU 316.647.82

2024-2084

Elaborado por Lucio Feitosa - CRB-8/8803

Índice para catálogo sistemático:
1. Preconceito : 305.80981
2. Preconceito : 316.647.82

© 2024 Ciranda Cultural Editora e Distribuidora Ltda.
Texto: © Rainer Cadete e © Pietro Cadete
Ilustração, projeto gráfico e diagramação: Natália Calamari
Publisher: Samara A. Buchweitz
Editora: Michele de Souza Barbosa
Preparação: Eliel Cunha
Revisão: Fernanda R. Braga Simon

1ª Edição em 2024

www.cirandacultural.com.br

Todos os direitos reservados.

Nenhuma parte desta publicação pode ser reproduzida, arquivada em sistema de busca ou transmitida por qualquer meio, seja ele eletrônico, fotocópia, gravação ou outros, sem prévia autorização do detentor dos direitos, e não pode circular encadernada ou encapadade maneira distinta daquela em que foi publicada, ou sem que as mesmas condições sejam impostas aos compradores subsequentes.

Dedicamos o livro às nossas crianças interiores,
para nunca nos esquecermos de que
os momentos difíceis passam.

Agradecimentos:
Aline Alves, Miriam Miranda, Elias Miranda,
Ronalda das Graças, Walcyr Carrasco, Jonathan Azevedo,
Michelli Santini, Gabriela Correa, Matteo Perino
e a nossa querida editora Janice Florido.

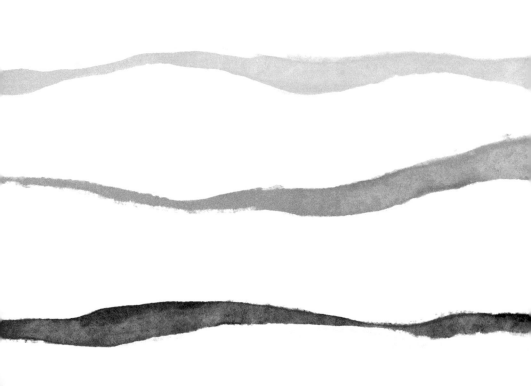

BASTIDORES DE UMA GUERRA

O brasileiro vive uma certa esquizofrenia, do ponto de vista do autoconhecimento, no sentido de estar alheio à sua real gênese, às suas reais idiossincrasias. Isso é tão louco. Chegamos ao ponto de não nos reconhecermos o que somos. É como se fosse uma equação mais ou menos assim: elegante é a ópera, vulgar e sem classe é o samba, mesmo sendo este último o que mais traduz a alma nacional. Seguimos como um povo perdido que não se comporta conscientemente como se não viesse de onde vem. Por ignorância e colonialismo mental, rejeitam-se a herança, o tesouro, a fortuna aos quais temos direito e que estão, sem que possamos decidir, em nosso DNA cultural. Desprezamos e rejeitamos a nossa origem como se sofrêssemos de uma doença autoimune, atacando o nosso próprio corpo cívico, como se esse fosse estrangeiro na nossa própria história. Estou falando de uma sociedade que vive ainda sobre as bases aprendidas em 380 anos de escravização. A prática manchou o oceano de vermelho cor de sangue humano por quase quatro séculos, sequestrando o povo **negro** de sua **África**, para ser torturado, abusado, violado e por fim assassinado pela branquitude, que até hoje insiste em ser associada à civilização. Algozes ainda atendem, do ponto de vista oficial no ensino escolar, pelo nome de conquistadores. Pouco se repara no uso das religiões judaico-cristãs para avalizar e justificar tais atrocidades. É tão complexa e calcificada a nossa situação sociológica pelo recorte racial que muitos brancos alegam que não sabem muito o que fazer para serem antirracistas, porque não têm lugar de fala. Pois eu digo que em primeiro lugar deve vir a coragem de admitir que se teve uma educação racista e denunciá-la dentro do próprio seio familiar, a fim de reeducar tal núcleo; esse é um lugar de fala. E é papel de quem foi exposto a tal tipo de educação opressora expor nas redes sociais a sua experiência como criança educada sob privilégios e lógicas racistas. Vivemos numa guerra. Há facadas, tiros, porradas e balas perdidas também em metáforas, também no campo simbólico. São profundas ofensas que nos furam e ninguém vê.

Há muita gente dita "gente boa" envolvida. Muitos brancos são cúmplices desta carnificina emocional e se omitem. Poucos têm a coragem, por enquanto, de falar honestamente sobre a desigualdade.

Mas o mundo mudou, e este hoje é um caminho sem volta.

Feita essa abertura, saltou de maneira agradável e reconfortante aos meus olhos o singelo e contundente livro *Olhares que filtram*, escrito a quatro mãos por um pai branco e um filho preto. O filho, cuja mãe é negra, sempre foi lido ao lado do pai sob uma camada de ilegitimidade, quase como um impostor do próprio lugar, como se não fosse possível ser filho legítimo de um pai branco neste país.

Li tudo numa tarde. Fala o pai, fala o filho, em um diário alternado onde o gume do racismo cada hora corta de um lado uma banda de cada coração citado. O pequeno grande livro tem muitas camadas, envolve os queridos avós e a territorialidade que escancara nosso apartheid. Sim, ainda temos lugar de preto e lugar de branco fisicamente demarcados, culturalmente e emocionalmente também. Todos nós sabemos indicar, em todas as cidades do Brasil, quem mora onde e onde mora quem. É comum que sejam reservados aos negros lugares de menos prestígio. Uma espécie de não lugar. Sem acolhimento, ninguém chama um território de seu. Nas palavras desses dois homens jovens, assistimos àquilo que ainda não passa com frequência em nossas novelas, nossos filmes, e ainda não tem grande presença na literatura. É certo que a cada hora chegam novos pretos autores e aos poucos estamos passando a limpo as deturpações históricas. Começam a circular nossas versões. Elas dão conta de um grande tempo por séculos dedicados a observar a branquitude muito de perto e no lugar do invisível. Conhecemos aquele que para a história real do nosso país devemos chamar de invasor. Quando escrevemos, o simples depoimento sincero, a nossa visão do nosso mundo e do mundo branco, que nos oprime o tempo inteiro, se transforma em denúncia.

Há um dano psicológico violento e perigoso que não está marcado nas estatísticas comuns e que arrasta uma juventude **negra** inteira para a insegurança como cidadão. O relato de **Pietro** expõe conflitos e desabafos na tentativa de entender o não lugar de não ser **preto** nem branco, mas ao mesmo tempo receber o tratamento desprezível que se oferece aos **negros** deste país: nos colégios, nos bares, nas lojas, nos clubes e até nos cultos. Foi o branco, cheio de desenfreada arrogância, quem disse este texto para o **preto**: Saiba o seu lugar. Um lugar de menos valia.

Que vergonha ter **racismo** no Brasil. Vergonha. Parece que ainda não entendemos que isso é a grande mancha no desenvolvimento da nação. Marca indelével de nosso atraso. A matança da juventude **negra** equivale a um genocídio de futuros e de sonhos e – e por que não dizer? – é um cruel desperdício de nossa riqueza humana. Sem os **pretos**, não há progresso, mas temos a impressão de que os **pretos** não estão incluídos no projeto de progresso da nação.

Rainer e **Pietro**, linda linhagem, oferecem a nós suas palavras e se juntam, sim, a um grande tribunal que questiona a justiça. Até quando a sua balança seguirá em tamanho desequilíbrio? Escrito numa linguagem honesta e coloquial, esse relato pretende ser uma carta elucidativa na mesa desse jogo. O que vive Rainer sendo um cara branco pai de um filho **preto** é de certa forma o que vivi, sendo eu uma mãe **preta** de um filho de pele mais clara, um sarará. Aos olhos gerais, sempre fui a **babá** e nunca a mãe dele. Da mesma maneira que a primeira coisa que provavelmente se pensa quando se vê o **Pietro** com o pai é que ele foi adotado. Nada contra adoções. Mas o Brasil, que também é signatário de casamentos inter-raciais, se espanta quando isso acontece. Espero que este livro convoque as falas que até hoje estão caladas para que venham se somar a esta hora nova da consciência **racial** brasileira, hora de desconstrução colonial, hora de letramento. Estou tendo aqui um cuidado especial para não dar *spoiler*, não citar frases dos autores, desejando que seus testemunhos afetem os corações dos leitores do mesmo jeito que fez ao meu. E, ainda, que tais páginas acolham como um espelho evolutivo quem nele se sentir refletido. É preciso abrir a caixa de Pandora e botar na roda os mecanismos escusos que mantêm o **racismo** ainda tão vivo. *Olhares que filtram* cumpre esse papel, afinal a arte da literatura tem força pedagógica em muitos temas em nossa vida. Nos toca.

Fiquei triste, algumas vezes, vendo um cara de 17 anos lembrar como desde pequeno ele se sentia um estranho no ninho por estar no colégio e ser o único de características **negras**. Inteligente e poético, acolhido pelos avós e pelos pais, cada um à sua maneira, esse jovem rapaz destila bem as palavras e até poesia em prosa dos dolorosos momentos para uma **criança**.

O livro faz passar um filme na minha cabeça, um filme brasileiro. Nesse não tem tiros nem bala perdida, mas tem uma guerra. O **menino** até teve uma infância protegida, mas não há como escapar dela, da covarde guerra, guerra dos olhos que condenam. O Brasil tem uma conta alta de reparação histórica do povo **preto,** e uma das coisas importantíssimas seria disponibilizar, para toda a população, acompanhamento psicológico gratuito. O nível de tensão que o **racismo** nos impõe é altíssimo e produz pressão alta, para dizer o mínimo. Merecemos ter um lugar para nos restaurar a fim de sermos conduzidos como cidadãos a uma digna vida adulta.

Como são de estreia a arrumação e as escolhas de palavras, percebemos a verdura deste projeto. Virou literatura a partir de uma brutal realidade cotidiana que grita dentro de quem a vive, e ninguém, a não ser a vítima, sabe o que sente e pode denunciar. Isso é o que importa aqui num tempo em que precisamos parar de conter o grito, engolir o choro. E os não **pretos** precisam parar de vez de se omitir.

Vamos precisar de todo mundo.

Quando terminei de ler este livro, tive a sensação de ser o começo continuado de uma certa ciranda, a continuação de uma lenta espiral luta **quilombola** que vem de longe, na esteira da ancestralidade, e precisa vir para o mundo contando aquilo que se vive e que não se dizia. Por muito tempo o **racismo** contra o negro existiu sem que fosse considerado crime.

Eis um pai querendo um mundo melhor para o **filho** e para o próprio mundo. Eis um **filho** que sabe que é **filho** de um homem raro, branco, que correu e corre atrás de se curar de uma cultura de bolha, de uma cabeça eurocêntrica, de uma estrangeirice no próprio enredo.

Filho do amor inter-**racial** de dois artistas muito jovens, potentes, sonhadores e da melhor qualidade, **Pietro** abre a poesia do seu coração juntamente com o seu pai, e os dois nos dão uma aula indubitável de como reescrever e reencaminhar o roteiro da vida para novos horizontes mais justos e mais saudáveis.

Este livro foi escrito pelos dois para que outros filhos possam também ser filhos do país que sonhamos.

São páginas sinceras e singelas do diário de um pai e de um **filho** relatando os bastidores desta escancarada e invisível guerra. Não é tudo. Mas é muito, de tão necessário.

Elisa Lucinda, 21 de agosto, quase primavera, 2024

DE PAI E FILHO...
PARA O MUNDO

No cenário contemporâneo, em que a diversidade e a inclusão se tornam tópicos centrais nas discussões sociais e culturais, pensamos neste livro como uma reflexão necessária e potente.

Trouxemos à tona nossas experiências de pai e **filho**, as minúcias das relações raciais com base em uma perspectiva pessoal e intimista.

Os desafios enfrentados por famílias multirraciais em uma sociedade ainda marcada por preconceitos e estereótipos **raciais** são diários. Em nossas histórias, passeamos por várias nuances, camadas e sutilezas do **racismo** estrutural, mas também vivemos e construímos as belezas e os encontros e desencontros de uma relação de pai e **filho**.

Sentimentos íntimos, gritos abafados e lágrimas contidas serão compartilhados por meio de contos e pensamentos. Quais são os olhares que filtram? Queremos com esta obra convidar a todos a vir conosco, a adentrar o nosso cotidiano e enxergar as questões raciais com outros olhos.

Partilhamos nossas dores e celebramos nossos clamores. Como pai e **filho**, batalhamos um pelo outro. Como humanos, somos corresponsáveis pelo movimento **antirracista** em prol de uma sociedade mais justa e digna.

Este livro, escrito a quatro mãos, com o coração aberto, é, acima de tudo, um convite à reflexão sobre como enxergamos e nos relacionamos com o outro. É um apelo à empatia e à desconstrução dos preconceitos que teimam em se cristalizar em nossas interações sociais.

Rainer Cadete e **Pietro Cadete**

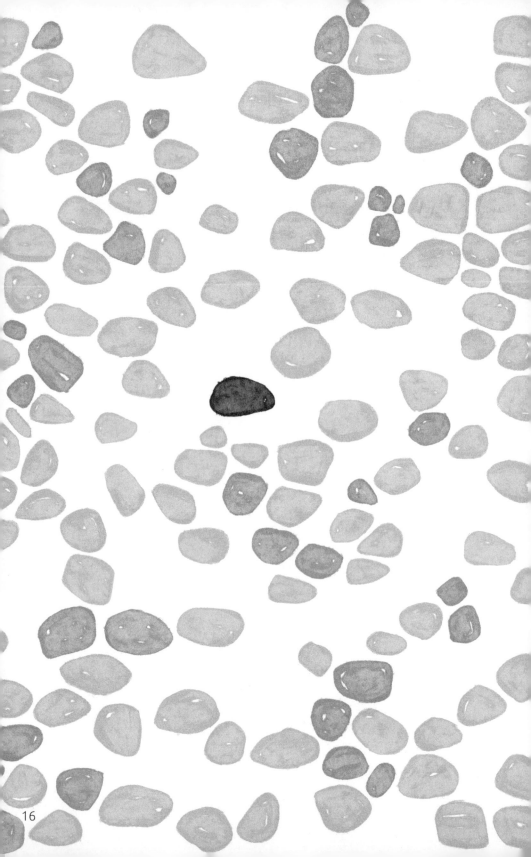

SER **NEGRO**

Sou uma pessoa **negra**. Minha mãe é uma mulher **negra retinta**. Meu pai é branco sem tinta (brincadeiras à parte). Nasci, como dizem por aí, mais escurinho. Sim, foi dessa maneira que ouvi muitas pessoas – brancas, **negras**, amarelas – se referirem a mim. Cresci ouvindo as pessoas dizerem "ele não vai ficar **tão escuro**".

Uma das primeiras perguntas que me fiz foi: o que é ficar **escuro**? Eu não entendia bem, mas, ao lado dos meus amigos brancos, eu era quase sempre o último a ser ouvido, chamado, atendido.

Por isso, desde pequeno eu queria ser branco. Afinal, meus amigos brancos nunca tomavam bronca por seus vacilos, nunca eram responsabilizados por nada. Quando estávamos em grupo e algo errado acontecia, era para **mim** que olhavam.

Fui crescendo de cabelos crespos, pele escura, olhos **escuros**. E comecei a entender o que é a palavra preconceito.

Passei por muitas situações que deixaram marcas, mas que também me fortaleceram. Tenho orgulho da minha família. Tenho orgulho da minha **cor**. Eu quero ser maior que esses muros que construíram ao meu redor, quero alcançar o coração das pessoas, transbordar o amor que em mim reside e conquistar meu direito de errar e de concretizar meus sonhos.

Dividir minha vivência é uma maneira de conscientizar as pessoas de que só somos iguais na diferença. A gente é diferente, e tudo bem ser diferente.

SER BRANCO

Minha família materna é de Minas Gerais, e a paterna é de Recife. Nunca sofri preconceito por causa da **cor** da minha pele. Minha mãe me chamava de branquelo azedo quando eu era criança. Mas isso não é **racismo**, não existe racismo reverso, afinal os brancos não foram oprimidos por causa da cor.

Meus pais participaram da construção de Brasília, morávamos na periferia, uma Brasília profunda, convivendo com uma ampla diversidade racial, social e cultural. A cor da pele, para mim, era um dos tantos detalhes que compõem o ser humano. Sempre me interessei por pessoas e pelas histórias que carregam.

Muitas vezes fui chamado de sonhador, pois achava que eu, um garoto da quebrada, teria as mesmas chances que um garoto da região mais nobre.

Eu consegui seguir a carreira de ator, trabalhar em cinema, teatro e televisão, a partir dos quinze anos de idade. Ninguém deveria podar ou questionar os sonhos de alguém.

Quando me apaixonei pela **Aline**, **mãe** do **Pietro**, me encantei com a lindeza de pessoa que ela é, por suas aspirações e seus sonhos. Lembro que a **negritude** dela era

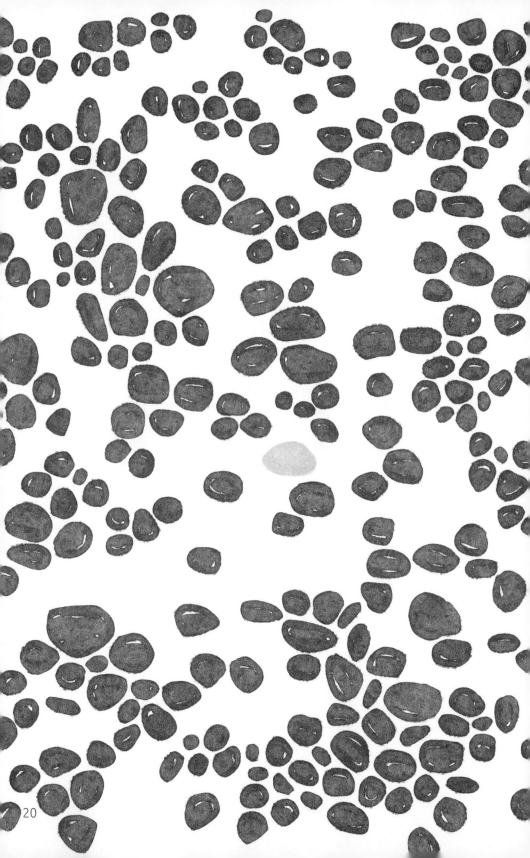

muito admirada por onde passava. Eu não tinha a dimensão do **racismo** como um todo (como, sinceramente, ainda não tenho). Presenciei alguns episódios de preconceito, mas, com o nascimento do **Pietro**, algumas chaves viraram.

A minha luta contra o **racismo** se tornou mais intensa. Por meu **filho**, luto feito um leão, estou sempre a postos para o que ele precisar.

Claro que não posso evitar que ele sofra. Nenhum pai pode. Mas o que os pais podem? Buscar ferramentas para compreender e agir de forma justa. Como pai, amar e também identificar os lugares de privilégio que ocupo como pessoa branca na sociedade, assumir meu lugar de errante e aprender com isso. Afinal, essa batalha contra o **preconceito** vai durar muito, mas a gente pode engrossar o caldo na luta. Como sonhador que sou, posso desejar uma sociedade melhor e fazer minha parte nesse caminho.

MACACO! MACACO!

Macaco...

Angústia, revolta, solidão: foi o que senti quando fui chamado de **macaco** por um colega na escola em que estudava. Não chorei. Todas as lágrimas já haviam sido drenadas pelo calejamento que a vida havia me passado, apesar da idade. Não mostrei reação, dessa forma eu me odiava menos. Eu mal sabia o que pensar sobre o mundo, e já tinha de pensar sobre como não ser tratado como um animal?

Macaco...

A ficha não cai na hora, porque você já está acostumado com olhares de crítica, de análise, mas um sentimento estranho cresce, dissolve teu espírito como ácido, te faz olhar no espelho com desgosto por ter a **pele escura** e o cabelo crespo. Te faz pensar que no final do dia você não tem culpa de ter nascido da "**cor errada**", da cor que todos julgam ser menos humana, com menos qualidade, a carne mais barata do mercado. Com a **cor** que não vai sair da sua **pele** nunca mais e ainda vai trazer uma série de obstáculos pela vida. Ainda que eu saiba das lutas, obstáculos e memórias marcam minha **alma** e incendeiam meu coração.

A primeira vez que me chamaram de **macaco** foi em uma aula de matemática, numa quarta-feira. Impossível esquecer a data. Um colega de sala sacou uma foto de um macaco, enfiou o dedo na minha cara e disse "Olha, **Pietro**, não sabia que você escalava tão bem".

No primeiro momento me senti congelado, sem reação. De todo tipo de preconceito que eu havia sofrido até então, aquele doeu demais. Não esbocei reação. Em nenhum momento achei graça da "brincadeira", porque não havia nada de engraçado mesmo.

Meu coração disparou. Minha vontade era de gritar, mas fiquei calado. Mas não esboçar reação não foi suficiente. Outra foto veio, agora o animal tinha uma coloração avermelhada. "Olha este aqui, seus filhinhos com sua namorada vão ser macaquinhos que nem **você**!"

Explico: eu namorava uma garota da sala que tinha os cabelos alaranjados. Ela me olhou com cara de surpresa, cobrando uma atitude. Mas eu estava na aula de matemática, o que deveria fazer? De repente, percebi que todas aquelas equações que eu considerava tão difíceis pareceram mais fáceis de resolver do que conviver com minha própria **cor**.

Naquela escola, argumento de estudante **negro** era visto como mimimi. Você grita, mas sua **voz** não reverbera. Você implora, mas não é escutado. Você se entrega diante do mundo, mas mesmo assim não é abraçado. O ódio começa a sussurrar nos seus pensamentos, seu sangue esquenta e seus punhos se fecham. Esquece as consequências. "Eu vou acabar com esse branquelo", é o primeiro pensamento que passa pela cabeça.

Mas, espera, isso é tudo o que eles querem. Fiquei calado. Porém, a minha consciência de cor, de raça, de lugar na sociedade já começava a borbulhar dentro de mim. O grito veio, mas minha boca não se abriu, porque nesse momento meus pensamentos estavam a mil.

25

MACACO!

Pietro andava calado, sem vontade de ir para a escola. Todos os dias era uma luta para tirá-lo da cama. Pensei que fosse coisa da idade. Até o dia em que encontrei a mãe da namorada dele ao deixá-lo na escola. "Chamaram o **Pietro** de **macaco**." Foi assim que fiquei sabendo.

Minha cabeça entrou em parafuso. Por que o **Pietro** não me contou? Pelo que mais ele estava passando que eu não percebi?

Fiquei me perguntando o que eu não estava vendo, o que havia de errado. Horas e horas até buscá-lo na escola, perguntas e mais perguntas martelaram na minha cabeça.

Costumo dizer que meu **filho** é meu coração que bate fora do meu corpo. Então, será que eu não estava tomando conta direito do meu coração?

Assim que **Pietro** entrou no carro, conversei com **ele**. Perguntei por que **ele** não me havia contado. A resposta foi mais uma punhalada: "Porque já estou acostumado".

Conversamos muito, **eu** e meu **filho**. E nós dois conversamos com outras pessoas e tivemos a certeza de que não estávamos sós.

Procurei por protocolos na escola – e me dei conta de que não havia protocolos. Sentimos na prática o padrão do sistema: despersonalizar a **vítima** e proteger o agressor. **Ele não se sentia seguro, acolhido e devidamente respeitado pela equipe da escola.** Como um estudante **negro** pode ser escutado em um espaço em que ele representa a exceção? Uma escola cujo mural de alunos notáveis era repleto de fotos de estudantes brancos.

A reunião com a diretora, a coordenadora e a mãe do racista. Boca seca, coração acelerado. Sede de justiça! A mãe, mulher branca, disse que não entendia de onde vinha o tal comportamento da cria, que na casa deles ninguém era **racista**. Que o avô paterno era **moreno-escuro**. "Negro?", eu perguntei. Ela concordou com dificuldade. Perguntei à diretora qual era o protocolo para uma atitude criminosa daquelas na escola. Rapidamente, ela me perguntou se o **Pietro** gostaria de mudar de sala. "Óbvio que não!", respondi. "Ele é o **agredido**, não o agressor. Por que ele deveria mudar de sala?"

Pietro mudou de escola no ano seguinte por decisão nossa. Espero que em breve, naquele mural de estudantes notáveis que a escola mantém, haja uma foto de um aluno **negro**. Isso nos dará a certeza de que a passagem de **Pietro** por lá, o episódio de **racismo** sofrido por ele, as reivindicações que fizemos, não tenham sido em vão.

QUAL É A **COR** DO RACISMO

Nasci **negro**, herdeiro de um **povo** que lutou por sua sobrevivência, a própria resistência. Já senti um misto de emoções por causa da minha **cor**: orgulho, dúvida, força, medo e raiva. Muita raiva. Olhos apertados, quando se fixam em mim, escrutinando minha pessoa, fazem meu sangue ferver. Não consigo controlar o sentimento de raiva. Uma raiva que é constantemente nutrida, que nasceu quando eu tinha apenas nove anos.

Foi a primeira vez que entendi que algo era diferente. Foi como aprender a ler. Em um dia, você não faz a mínima ideia do que são todas aquelas letras misturadas. De repente, tudo faz sentido. A **segregação** dos professores, o último lugar na lista de mais bonitos da sala, até a forma como falavam comigo.

Naquele ambiente eu dividia a minha solidão **negra** com apenas uma **professora**. Éramos só nós dois naquele lugar. Um dia, em algum intervalo, eu passeava pela minha imaginação, brincando com meu carrinho como se estivesse em um filme do Shaft. Um menino branco se aproximou e pediu meu carrinho, eu não dei. Quando as lágrimas dele começaram a cair, a professora **negra** foi a primeira a se aproximar. O garoto disse que queria o carrinho, e eu não tive nem tempo, nem reação, nem argumento quando ela pegou o carrinho da minha **mão** e deu para ele. O coração apertou. Por que eles estavam pegando o meu carrinho? O carrinho que meu **avô** tinha me dado com tanto carinho. Eu disse que era meu, mas logo fui calado com insultos sobre minhas características físicas, que eram semelhantes às da **professora**: éramos **negros**. Por que ela não gostava de mim? Meus olhos se encheram de lágrimas, mas não chorei. Fui até o menino e tentei pegar meu carrinho de volta, mas logo fui segurado pela professora e levado para a coordenação por desobediência. Foi horrível a sensação de irem secando em meus olhos as lágrimas que eu teimava em não deixar cair – elas pareciam farpas. Fiquei escutando a professora dando a versão dela para a diretora. Em nenhum momento **ela** citou o que havia me dito, os insultos aos nossos traços que nos aproximavam tanto e ao mesmo tempo ali nos faziam inimigos. Passei muito tempo achando que ela poderia ser **racista**, quando ela reproduzia tal violência, mas hoje posso ver o fardo que ela carregava. Uma **única** mulher **negra** em um colégio cheio de brancos, **ela** tinha de se adaptar para sobreviver ali. Eu nunca vou saber o que ela passou por lá, ou o porquê de ela ter me tratado tão mal. Hoje, lembrando-me dos seus olhos cansados e da aparência sempre tensa, ela reproduziu o **racismo** talvez sem ter ideia do mal que estava fazendo. Ela, mulher **negra**, base da pirâmide social, professora. De certa forma nós dividíamos uma solidão semelhante. Uma carta de desculpa foi escrita:

Carta de desculpa

Professora, me desculpa se eu fui desobediente. Acho seus cabelos lindos quando estão iguais aos da minha **mãe**, armados e potentes.

Você gosta ou não gosta de **mim**?

Sim: Não:

Ass. P. C.

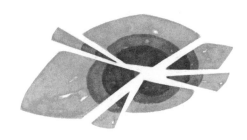

NOVELO DE SENTIMENTOS

Eu e a **Aline**, mãe de Pietro, éramos jovens demais quando **ela** engravidou. Foi uma notícia inesperada, que nos pegou de surpresa, despreparados, mas não tivemos dúvidas sobre ter o **bebê**.

Aline tinha acabado de conseguir o seu primeiro emprego como bailarina no Rio de Janeiro, mas, ao comunicar que estava grávida, foi automaticamente demitida. Compartilhamos a gravidez, mas nos últimos meses ela teve de ir para a casa dos **pais**, em Brasília, pois não tínhamos estrutura suficiente para dar conta de todos os cuidados necessários.

Eu precisei ficar no Rio, estudando e trabalhando, agarrando todas as oportunidades que me eram dadas, afinal agora eu não estava mais sozinho no mundo. Éramos três. E precisávamos de todos. Nada seríamos sem a rede de apoio que se formou para nos ajudar. Há um provérbio **africano** que diz: "É preciso uma aldeia inteira para educar uma criança". E foi assim que criamos o **Pietro**.

Logo que ele nasceu, a **Aline** e ele vieram para o Rio de Janeiro, para ficarmos juntos. A **mãe** biológica da **Aline** nos ajudava a cuidar dele.

Cuidar de uma criança pequena é desafiador. E para nós, que éramos pouco mais que adolescentes, era mais ainda. Tudo isso foi gerando um grande desgaste no relacionamento.

Os **pais** da **Aline** sugeriram nos apoiar cuidando do **Pietro** na casa **deles**. Detalhe: eles moram em Brasília. Resistimos quanto pudemos.

Até que percebemos que, realmente, o melhor seria aceitar o conselho deles até a gente se ajeitar na vida.

O dia que o levei para lá foi um dos mais tristes da minha vida. Eu morria na dor da ausência do **Pietro**. Mas tinha certeza de que era a melhor decisão que poderia tomar naquele momento. **Pietro** precisava de rotina e de um espaço seguro e estável. Minha dor era fruto do meu amor por **ele**. Um dia, quem sabe, em breve, estaríamos juntos o tempo inteiro.

ALVO NAS COSTAS

Reprimendas, broncas e castigos. **Eu** era apenas um no grupo de crianças no auge da energia. Éramos crianças descobrindo o mundo, a vida em grupo, a farra infantil. Mas eu era "**o neguinho**" da turma. **Eu** sempre era tratado como o causador dos problemas. **Eu** podia negar quanto quisesse, ninguém me ouvia. Nem professora, nem coordenadora, nem diretora.

Quando meu **avô** foi chamado pela diretora, por causa do episódio do carrinho, ele foi até lá sabendo que era uma batalha perdida. Ouviu calado todo o discurso cheio de uma razão falsa da dirigente da escola. Ele já sabia que a argumentação era perdida. Já tentara muitas vezes aliviar as coisas, mas já sabia como a sociedade funcionava.

Após conversar com a diretora, saiu com um semblante sério, a cabeça ligeiramente baixa. Parecia carregar o peso do mundo dentro de si. (Eu ainda não tinha a noção de que o peso do **racismo** é maior que o peso do mundo.)

Acho que ele estava procurando a maneira mais leve de falar para um **menino** o que é ser **negro** em um mundo cheio de brancos.

Até hoje me lembro de seus olhos baixos e de suas palavras: "**Pietro**, meu filho, você vai entrar lá e vai pedir desculpas para a professora e para todos que se envolveram nesse assunto, depois vamos para casa".

Um gosto amargo se alastrou pela minha boca. Meu coração disparou como uma lebre. Senti vontade de gritar, de dizer que o injustiçado era **eu**, que o carrinho era meu, que ele próprio havia me dado o carrinho! Por que eu teria de pedir desculpas?

Meu estômago estava embrulhado, eu tinha a sensação de que espinhos estavam perfurando meu corpo, enquanto eu me dirigia à sala dos professores. Uma dor aguda, sentida.

Lá estava eu, imerso em desgosto, prestes a sacrificar o pouco orgulho que eu tinha. Engoli a saliva espessa que estava na boca e em palavras rápidas disse: "Me desculpe, professora. Não quis te desrespeitar. Vou me esforçar para melhorar".

A humilde resposta que tive foi: "É bom mesmo!".

AMOR E MEDO

Desde que **Pietro** nasceu, vivo uma profusão de sentimentos. Amor transbordante. Preocupações que sufocam. Eu pensava nas questões sociais, emocionais e sistêmicas. Minha preocupação era de que meu filho pudesse enfrentar **racismo** em vários contextos, como na escola, no trabalho e em interações cotidianas. Com todo o nosso contexto social, tinha medo de que ele pudesse ser alvo de violência policial ou de outras formas de brutalidade **racial**. Imaginava se meu filho não se sentiria isolado ou deslocado. Eu me perguntava se meu **filho** não teria dificuldade nesses espaços com pessoas que não compartilhavam de suas experiências **raciais**. Será que ele encontraria empatia e acolhimento?

Minha insegurança vinha de não conseguir instruí-lo para enfrentar situações de **racismo**, pois, como branco, eu não tinha experiência com a discriminação **racial**.

Eu queria que meu **filho** tivesse orgulho de sua herança cultural **negra**. Contei demais com o exemplo vivo e amoroso de seu **Elias** e de dona **Miriam**. Com os ensinamentos e as orientações que eles deram ao **Pietro**. E a referência da sua **mãe**, **Aline**, como um farol a inspirar.

Eu sempre estive presente. Acredito que a presença não é necessariamente uma questão física. Muitas vezes estamos mais distantes de quem está perto e mais perto de quem está longe. Mas é claro que é muito melhor morar no abraço de quem amamos.

Acompanhei a vida escolar do meu **filho** de perto. Eu fazia questão que ele estudasse no melhor colégio possível. **Eu** queria que ele aproveitasse seu tempo para se desenvolver, fazer atividades extracurriculares, aprender idiomas, esportes e tudo o mais que ele desejasse.

Eu sabia que seria desafiador para o **Pietro**, porque, nos ambientes que ele frequentava, quase sempre era a única pessoa **negra**.

Havia sempre olhares especulativos sobre quem era aquele **menino** que tinha aulas particulares de idioma, fazia vários cursos...

Não foram poucas as vezes que perguntaram ao **Pietro** se ele tinha bolsa de estudos.

Sim, estudante **negro** só pode estudar em escola cara se tiver bolsa de estudo? Esse é mais um tentáculo do pensamento **racista**.

ELIAS MIRANDA

Meu **avô** é um dos homens mais fortes que conheço. Seu **Elias**, um militar aposentado, marinheiro, músico, professor da Escola de Música de Brasília, foi um dos meus primeiros portos seguros. Uma das primeiras figuras paternas que conheci.

Meu **avô**, homem **negro** de periferia, desde cedo provou a dureza de ter que ser melhor que a média dos **brancos** para buscar seu lugar na sociedade cujo **racismo** enraizado muitas vezes não dá chance para os homens **negros** pobres. Encontrou caminho na música e, como saída plausível para um jovem na época de sua juventude, ingressou na banda da Marinha brasileira. Lá teve muito êxito.

Graças aos seus esforços e resiliência, ele pôde ascender profissionalmente e dar a sua família uma vida mais confortável e segura, em que nunca faltava o pão de cada dia. Diferentemente de sua dura infância, em que a falta fazia parte do cotidiano e a fome andava ao lado dele e de seus irmãos. Esse **homem** se ergueu diante de incontáveis desafios, deu a cara a tapa ao mundo e se tornou um dos músicos mais respeitados de Brasília. Seu **coração** carrega sete mares de bondade e um céu inteiro de compaixão. Hoje **ele** colhe o carinho que plantou em todos os recrutas

e veteranos que **o** amam pelas pequenas regras que **ele** burlou para ajudá-los a levar o sustento do dia para casa.

Seu **Elias** é dono de um sorriso lindo e largo, de uma gargalhada mais bonita que as músicas que um dia ele já tocou na clarineta e da mais delicada gentileza em suas **mãos**.

Nos olhos do seu **Elias** é possível ver uma tristeza do tamanho do mundo por ter tido de abdicar da música por causa de seus superiores **racistas**. Ele foi um **homem** que estava muito à frente de sua época, e seu comprometimento e seu talento no instrumento assustaram a todos os que o cercavam.

A vida do **homem** que me criou, meu **avô**, nunca foi fácil. Passou toda a carreira se desculpando por sua genialidade na música. Apesar de ser o clarinetista principal da Marinha, ele teve de baixar a cabeça para preconceitos **racistas**.

Ele me apresentou a realidade da minha cor, mas acima de tudo me falou para nunca me "desleixar". Se **eu** quero alguma coisa, vou atrás dela e consigo, basta ter a paixão, o comprometimento e acima de tudo o respeito por mim e por meus sonhos.

Seu **Elias** é a minha referência, meu herói sem capa, um super-
-homem que não carrega nada além de seu amor, bondade,
honra, vigor e a clássica boina **preta**, a qual ele chama de
tampa de cabeça. Esse é o homem que me formou.

EU SOU NEGRO?

Pietro tinha pouco mais de três anos quando me perguntou: "Papai, eu sou **negro**?".

Fiquei em alerta. Eu não sabia por que ele estava me fazendo aquele tipo de pergunta. Não sei se eu tinha maturidade e consciência da importância do assunto na vida dele para responder.

Fiz como minha intuição mandou. "Sim, você é **negro**", confirmei. Falei que ele era fruto do amor entre um pai branco e uma mãe **negra**. Que ele vivia numa família composta de membros de diferentes etnias e que havia herdado tanto características minhas quanto da **mãe** dele.

Eu percebia as dificuldades das pessoas **negras** em nossa sociedade.

Comecei a conversar com o **Pietro**, com o vocabulário que ele entendia, à medida que ele trazia suas inquietações, com os conceitos que eram confortáveis para a idade **dele**, sobre famílias inter-**raciais**. Para isso contei com a ajuda de mentores e busquei informações para muni-lo e também para me rever.

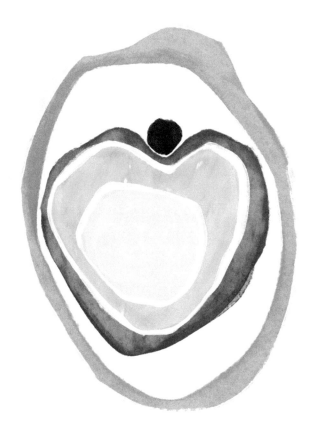

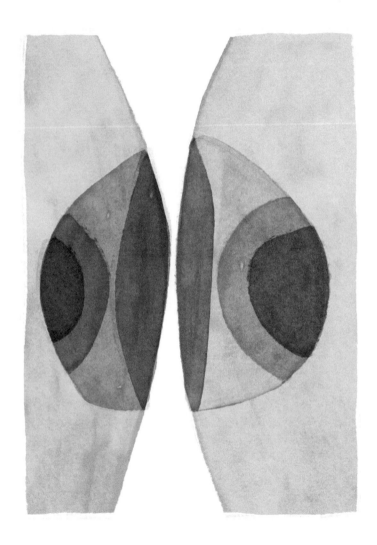

UM CHAVEIRO **NEGRO**

Dentro do contexto social em que estou inserido, vivo uma solidão excêntrica. Sou uma pequena parcela de **negro** no ambiente. Em qualquer roda de conversa que adentro, todos começam a debater sobre assuntos raciais como se fossem os próprios **Martin Luther King Jr.**, **Rosa Parks**, **Malcolm X** ou **Angela Davis**. É quase instantâneo, sempre fico surpreso com o modo como os assuntos pulam de receitas de torta para "Sou um **racista** em desconstrução". Apesar de ser bom ver que as pessoas têm pelo menos tentado eliminar o **racismo** de seus comportamentos, é dolorido perceber que muitas vezes são apenas falácias. Pode parecer lógico, válido, mas as falas estão ali para manipular, enganar, encobrir o **preconceito**. Muitas vezes sinto um ar de competição, como se algumas pessoas estivessem querendo mostrar quem sabe mais sobre o **negro**. Não é empático, não. É irritante. Dou de ombros na maioria das vezes. Não dá para falar para quem não quer ouvir.

Hoje em dia está na moda ser amigo de **negro**. Mais ainda, a vontade de agir como um defensor da causa, porém assumir as consequências como branco.

A impressão que tenho é de que tudo o que esse tipo de pessoa quer é um chaveiro **negro** pra chamar de seu...

VAMOS VIRAR A **CHAVE**?

Pietro alugou um apartamento na minha cabeça. Certo dia, depois de um encontro com colegas, ele me perguntou:

"Por que o assunto sempre tem que **escurecer** quando eu chego?".

"Como assim, **filho**?"

"Toda vez que **eu** chego, acontece uma competição pra saber quem sabe mais de **negritude**."

Parei para observar: geralmente falam asneiras, repetindo frases que ouviram, mentirosas, que contam narrativas colonialistas, que reproduzem um ponto de vista equivocado. Logo me vejo falando fervorosamente sobre coisas que aprendi, autores e autoras, histórias que contam outros pontos de vista. A conversa logo fica mais quente ainda, uma verdadeira falácia. Parece que todos ficam ansiosos para falar e derramar sua oratória, mas ninguém quer desenvolver sua "escutatória". Nesse momento, nem percebem que o **Pietro** não se encontra mais no ambiente. Qual a empatia que gera a força motriz que faz a pessoa dar o primeiro passo para uma luta **antirracista**?

Eu e você precisamos ter um filho **negro** para nos sensibilizarmos com esses assuntos?

Ninguém deveria se sentir um chaveiro quando também é um universo inteiro de possibilidades.

Acolher o olhar do outro é expandir. Precisamos nos preocupar com a causa, lutar por ela. Precisamos conhecer, fomentar e acima de tudo agir. **Antirracismo** é ação!

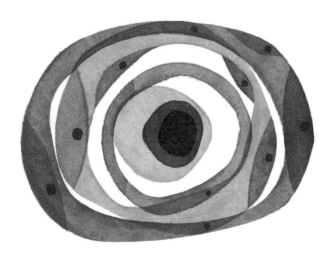

O NEGRO QUE NÃO É PRETO

Um branco não pode se colocar realmente no lugar de uma pessoa negra. Assim como um **negro** jamais saberia como é ser branco, embora exista a tentativa de estarmos todos seguindo um padrão branco, escolas, estética, estrutura...

Dificilmente alguém que não tenha cabelos **crespos** vai realmente entender a dificuldade de armar um *black power* ou de escolher o protetor solar certo para não ficar com o rosto esbranquiçado.

O curioso de não ser uma pessoa **negra** retinta é que você passa toda a infância tentando descobrir se é branco ou **negro**.

As tentativas de alisar o cabelo foram as primeiras que bateram à minha porta, da forma mais inconsciente possível. Quando pequeno, ao ser levado pelos meus **avós** para cortar o cabelo, me recordo claramente das palavras deles: "**Pietro**, corta esse cabelo bem baixinho, porque senão vai acumular poeira e piolho!". Era em tom de brincadeira, mas era uma forma de me proteger, para que meus caracóis não aparecessem tanto, para que não me caracterizassem como **negro** e para que eu ficasse menos sujeito a atitudes **preconceituosas**.

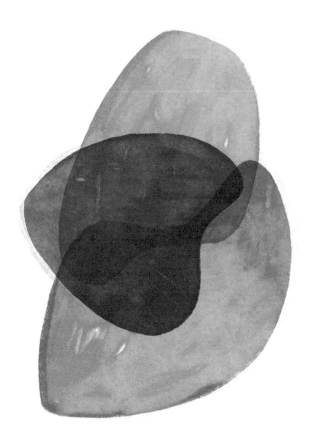

Na adolescência, **me** libertei dos cabelos curtinhos. Queria mudar o visual, quebrar expectativas. Agia de forma livre, fugindo da estigmatização de que eu era **"quase negro"**, como algumas pessoas **me** tachavam.

Nessa fase, pintei meu cabelo de diversas cores. Azul, vermelho, roxo, verde… Cheguei a adotar um visual loiro. Lembro que **meu** cabelo sempre teve péssimas reações a esse tipo de processo, por isso **meus cachos** se desfaziam, e eu tive breves momentos de cabelo liso. O mais engraçado de tudo isso é que, por mais diferente que fosse a cor do **meu cabelo**, eu me sentia mais aceito pelas pessoas que me cercavam só por estar com o cabelo liso.

Nessa hora, o dilema do menino **negro** que não é branco e do branco que não é **negro** só se intensificava. Nos colégios particulares pelos quais passei, muitas vezes eu era a única pessoa **negra**, mas não me via como **negro**. Por estar cercado de outra realidade, você se engana com a sua.

A DOR DE NÃO TER UM NOME

Gosto de incentivar meu **filho** a ser o que ele **é**, mas existem alguns códigos que me preocupam: meu **filho** pode colocar um fone e correr aqui pelo nosso bairro?

Pois é... isso é algo que me preocupa.

Outro dia eu estava no carro, nos pararam e perguntaram para mim, homem branco, se eu estava seguro. Logo percebi que era porque eu estava acompanhado do meu **filho**, um adolescente **negro**. A leitura de que eu poderia estar em perigo era real. Quando garanti que estava bem, nos liberaram.

A nossa segurança é para quem? Quem está realmente seguro? Quem pode andar sem documento no bolso?

Gostaria de partilhar a importância do nome e do sobrenome das pessoas **negras**. Que é omitido em diferentes espaços, algo que parece sutil, disfarçado de brincadeira, ultrapassando a intimidade que na maioria das vezes nem foi dada. Apelidos, diminutivos que se somam ao **racismo** recreativo. Incentivo meu **filho** a se autodenominar, a sempre falar seu nome e seus sobrenomes e escolher como quer ser chamado.

VAI UM CHOQUITO AÍ?

Desde criança, ganhei muitos apelidos. Na época, não se falava em bullying. Capa de **Bíblia** (a Bíblia tradicional geralmente tem capa **preta**), Zé Gotinha da **Petrobras** (personagem criado para incentivar as vacinações, porém adaptado ao **petróleo**, que é **preto**), fundo de panela, resto de macumba, alvo de tiro (uma pesquisa popular aponta que **negros** representam 78% das pessoas mortas por armas de fogo no Brasil). Era assim que me chamavam. Só ouvia o nome "**Pietro**" em casa.

Na adolescência, ganhei o apelido de **Choquito**, por ter acne e ser uma pessoa **negra**.

Na rua onde eu morava, como eu convivia com pessoas **negras**, tão parecidas **comigo**, esses apelidos não me ofendiam. Parecia normal. Éramos um bando de moleques sem camisa na rua, jogando bola, subindo em árvores e esperando nossas mães nos chamarem ou irem nos buscar no parquinho. Não existia nenhuma maldade naquelas falas, até porque não existia nenhuma maldade em nosso coração.

Todos os xingamentos **racistas**, os atos preconceituosos, as mesquinharias, as ofensas vinham de adultos, geralmente brancos, que já sabiam o que era **racismo** e aderiam a ele, muitas vezes sem nem se dar conta disso.

Imagino eu que crianças não sabem sobre o **racismo** recreativo. Os apelidos e as formas de lidar com os insultos são totalmente diferentes. Não é porque você tem um irmão ou amigo que pode reproduzir **racismo** com eles. Ainda nessas relações existem resquícios de violência, existe um eco estrutural que se disfarça em meio a risadas e brincadeiras de criança. Eu fui essa criança.

Nunca me importei com apelidos. Muitas vezes, um olhar ofende mais que qualquer apelido que atualmente é julgado como **preconceituoso**. Olhares filtram.

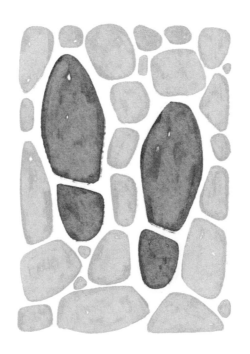

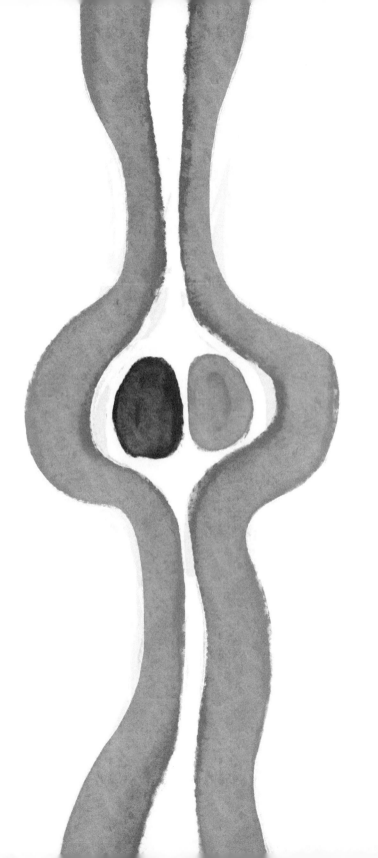

QUANDO NASCE UM FILHO, NASCE UM PAI

Nasce um **filho** na mesma hora em que nasce um pai. Um nascimento conjunto. No mesmo instante. Como se duas pessoas pudessem ser uma única nota musical que sai do instrumento, se transforma em ondas que vão fluindo pelo espaço.

Desde que nasceu, **Pietro** já se comunicava por meio de olhares sem filtro, tão curioso, puro, sincero, cheio de vida e forte. Na primeira vez que ele sorriu para mim, meu mundo mudou. Mudou também a minha compreensão sobre o mundo, sobre o futuro, sobre a vida.

Quando deu os primeiros passos, uma imensa alegria tomou conta de mim. Eu sabia que era o convite pulsante da vida se impondo, o tal instinto.

Naquele momento, além da grande alegria que tomou conta de mim, senti uma ponta de medo se instalar em meu coração.

Depois do primeiro passo, já não estamos mais no mesmo lugar. Precisamos continuar. **Pietro** dera o primeiro passo. O passo rumo à vida.

GRIFE **FALSIFICADA**

Eu sou **negro**, então grife tem de ser falsificada. Foi isso que descobri quando comecei a usar as roupas que meu pai me dava.

Ouvi inúmeras vezes a seguinte frase: "Já me fala a loja da 25 de Março em que você comprou, mano", seguida de risadas. Ou então: "É original? Me mostra a etiqueta!". Ou, ainda, como se **eu** não merecesse usar roupas mais caras: "Nossa, **Pietro**, onde você arranjou uma camiseta dessa? Não é muito a **sua cara**". Ouvi também: "Andou **assaltando** o guarda-roupa de algum amigo seu?".

Pois é. As roupas eram minhas, compradas pelo meu pai. Mas concorda que é um absurdo um **negro** ir com camiseta de grife na escola? Sim, para a nossa sociedade preconceituosa, é.

Certo dia, resolvi emprestar um casaco para um colega de classe branco por um dia. Chegamos bem mais cedo na aula, antes de quase todos, e trocamos os casacos. O **meu** era novo, e eu não o havia usado muito: era um corta-vento de uma grife francesa famosa... Quando ele usou na sala de aula e ao andarmos pelo colégio na hora do intervalo, várias pessoas vieram falar com ele, olhavam e comentavam sobre o casaco, mas de maneira diferente de quando **me** viam com roupa de grife. "Caraca, mano, esse jaco é a tua cara!" "Você deve ter pagado muito caro nisso, você é louco!" "Você está parecendo modelo com esse casaco chique." Eu fiquei bravo, irado mesmo. Dessa vez, levei para o coração. Por que em **mim**, com a mesma posição social que meu amigo branco, a grife é vista como falsificada?

Claro, não é a grife. É a **cor** da minha **pele**... É o **preconceito** enraizado. É o **negro** não poder ter as mesmas coisas que o branco. Ele tem sempre de ficar um degrau abaixo, servindo, pegando as sobras.

Esse sentimento de ser menor, de não poder ser livre, ficou entranhado em meu coração.

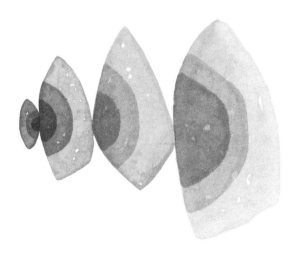

O QUE FAZER COM TUDO ISSO?

Certo dia percebi um olhar de tristeza em meu **filho**. Aos poucos, **Pietro** foi falando o que havia acontecido com ele: um segurança de um shopping que ele frequentava perto da escola o perseguira, causando tamanho desconforto que ele não teve coragem de se sentar para fazer a refeição na praça de alimentação. Enquanto não o viu deixar o shopping, o segurança não parou de andar atrás dele.

Mas não são só atitudes. Algumas palavras também o magoaram, o marcaram. Ao ir ao barbeiro a que **eu** também costumava ir – e sempre fui muito bem-tratado –, o profissional, antes de cortar, olhou para os cabelos dele e perguntou: "O que vamos fazer com **isso**?". "**Isso** não, é o meu cabelo", respondeu meu **filho**.

Ao passar a viver de perto o **racismo** sofrido pelo meu **filho**, fui entendendo que aquela criança também tinha vindo **me** educar.

Com o meu **filho**, posso escolher o que levo comigo e o que deixo da minha criação. Aprendo, tenho muitas dúvidas. Busco evoluir a consciência, entendendo o que é genuinamente **meu** e o que eu reproduzo da sociedade, dos meus ancestrais.

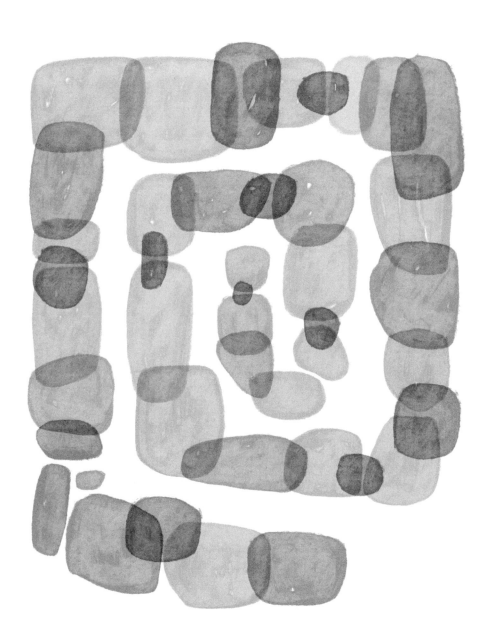

LUGAR DE NEGRO É ONDE ELE QUISER

É possível ter vergonha de entrar em um lugar que você não conhece. Ter vergonha de entrar em um lugar que você conhece e não frequenta, acontece, mas ter vergonha de um lugar que você conhece, frequenta e paga para frequentar é algo peculiar, porque afinal de contas você tem todo o direito de estar ali.

Na infância, eu nunca entendia por que meus avós nunca entravam para assistir às minhas aulas de futebol. Meu pai pagava uma escola num bairro nobre, em Brasília, e meus avós me levavam para as aulas duas vezes por semana. Eu tinha nove anos.

Esperar pelas terças e quintas-feiras me enchia de ansiedade. Queria colocar o uniforme de campo e ir praticar! Meus avós sempre iam comigo. Eram cerca de quarenta minutos de carro até lá. Meus pés iam formigando para correr e chutar a bola. Quando chegávamos, minha avó colocava minha mochila com água nas minhas costas e dizia: "Até daqui a pouco".

Então eles estacionavam o carro embaixo de uma árvore e ficavam ali, me esperando.

Eu observava os pais dos meus companheiros de time assistindo aos filhos jogarem e realmente não entendia a razão de meus avós não estarem ali também. Qual motivo os fazia esperar uma hora e meia dentro do carro? Do estacionamento eu não podia ser visto por eles, e de certa forma naquele momento em que milagrosamente eu consegui atravessar o campo com a bola e marcar um gol, isso era tudo que eu queria: ser visto por eles.

Quando a aula acabava, era eu que ia encontrá-los no estacionamento para irmos para casa. Na época, eu não sabia colocar meus sentimentos em palavras. Nem mesmo a pergunta "Por que vocês não entram?" saía da minha boca.

Eu contava a eles tudo o que se passava no campo, o que acontecia desde o momento em que eu me despedia deles no carro, as faltas, os meninos que eram melhores que eu, os piores, os gols, as oportunidades perdidas, o treinador, tudo. Exagerava nos detalhes...

Tinha dias em que depois de implorar muito nós parávamos para comer em uma hamburgueria perto da escolinha de futebol. Eram dias de festa para mim, futebol e hambúrguer: por que as pessoas não podem viver só disso? Meu avô nunca comia, mesmo eu sabendo que a fome estava ali em algum lugar, enquanto eu e minha avó nos acabávamos nas promoções do dia. No caminho de volta para casa, existia um silêncio reconfortante, mas ao mesmo tempo pesado, cheio de ressentimento, durante o qual eu cochilava. Um dia eu fingia estar cochilando, era um hábito meu, daí eu escutei uma conversa entre **eles**.

"**Miriam**, esses lugares não são pra **gente** como a **gente**."

"Como assim?"

"É só olhar ao redor que você vai entender."

"**Você** para com isso, que o **menino** tá gostando da coisa."

Ela olha para trás, para conferir se eu realmente estava dormindo.

"É só a **gente** não se misturar com essa gente."

A conversa terminou dessa maneira. Eu me lembro que demorei para dormir naquela noite, pensando de que gente eles estavam falando.

Depois desse dia, **eu** passei a observar tudo com olhos diferentes: as aulas particulares de matemática, onde havia um salão de espera, mas **eles** preferiam esperar no carro, debaixo do sol quente. Os médicos que meu pai marcava em consultórios sofisticados, e **eles** não queriam entrar, porque não se sentiam à vontade.

Inconscientemente, **eu** pensava que o problema era **eu**. Mas claro que o problema não era **eu**. No mundo onde só havia **branco**, eu era considerado um "**escurinho**", não um **negro**, e eles tinham medo de me envergonhar na frente das outras pessoas. O **racismo** cria esse sentimento de inadequação dos nossos **pares**.

Tinham receio de que os outros me associassem a **eles** e me distratassem. Ficou claro para mim que **eles** não desejavam que eu vivesse as experiências que eles haviam tido. Mas eu faço questão de **tê-los** ao meu lado.

O intuito deles era **me** proteger do **mundo**, do **racismo**, do **preconceito**, e pensavam que, se **eles** não estivessem tão perto de **mim**, eu não seria considerado **negro**.

Meu **avô Elias, pai**; minha **avó Miriam, mãe**, que eu amo de forma incondicional, que foram os responsáveis pela infância alegre e bem vivida que tive, que tentaram me proteger dos **preconceitos** do mundo, são pessoas incríveis, iluminadas, que eu amo desde os primeiros respingos de luz que um **crepúsculo** joga sobre nós até as **sombras** mais infindas que a **noite** pode nos proporcionar. Só posso agradecer por toda a proteção, por me acompanharem, por serem meu **mundo**. O **mundo** dos **negros**, que driblam o **racismo** como podem, que vão em frente, mesmo tendo tantos obstáculos. O **mundo** em que o que é maior é o **amor**.

O DIA EM QUE A VIDA ME FEZ **CARINHO**

Foi um dos dias em que mais sofri na minha vida. Sofri porque eu não queria estar distante dele e perder cada minuto da sua infância. Ele foi chorando no avião do Rio de Janeiro para Brasília, e eu voltei chorando, só que dessa vez sem ele nos braços. Desde então, eu pensava em como organizar a minha vida para poder trazê-lo de volta para os meus braços. Eu não podia desistir de uma carreira que mal tinha começado. Queria poder dar uma vida estável ao Pietro, que ele sentisse orgulho de mim. Não podia dar errado, não existia essa opção.

Naquela época eu não tinha uma casa, um lar. Eu vivia umas temporadas aqui, outras lá. Ia para onde o trabalho me levava. Mas em todas as folgas que apareciam era para Brasília que eu ia. Para encontrar o Pietro e sermos felizes juntos, como só nós dois sabemos ser. Cada vez que eu o reencontrava, era uma criança diferente — nessa idade elas mudam de um mês para o outro. Nas férias dele, eu levava o Pietro para viajar comigo, junto com minhas turnês de teatro ou para passar temporadas no Rio de Janeiro. No início em lugares apertados, onde meu pouco dinheiro podia pagar. Com muita disciplina, renúncias, estudo e dedicação, com o tempo fui conquistando um lugar interessante no mercado de trabalho, e consequentemente conseguindo viver sem precisar da ajuda financeira da minha querida mãe.

Nós sempre ensaiamos esse dia, sabíamos que ia chegar. Quando estávamos indo buscar o bolo de aniversário **dele** de doze anos, **Pietro** me perguntou: "Papai, que dia eu vou morar com você?". E eu falei: "Neste ano ainda". **Ele** sorriu, os olhos brilharam, muito entusiasmo e uma grande emoção. Foi um momento inesquecível. Foram tantos devaneios que nos perdemos no caminho em busca do bolo. Fizemos planos.

O primeiro passo foi conversar com os **avós**. Marcamos um dia. O **Pietro** queimou a largada e falou bem antes do combinado; evidentemente, não queriam, por amor e apego ao **Pietro**. Conversamos muito até chegar a uma decisão que fosse boa para todos. Prometi a eles que, no que dependesse de mim, o **Pietro** jamais se afastaria **deles**. Finalmente chegou o dia em que me vi buscando meu **filho** e realizando um dos meus maiores sonhos, doze anos depois de levá-lo para Brasília. Eu havia organizado um lar para recebê-lo. Além do amor que eu tinha para derramar sobre **ele**, preparei seu quarto, fiz matrícula em uma excelente escola, fizemos planos para ele seguir com os cursos extras que ele queria.

A chegada da pandemia fez com que aprendêssemos mais rapidamente a conviver um com o **outro**, vinte e quatro horas por dia. Eu sempre digo que foi um curso intensivo de como ser pai em tempo integral. Era a dor e a delícia da convivência cotidiana.

IDAS E VINDAS

Todas as vezes que meu pai me visitava em Brasília, havia conversas sobre eu me mudar para morar com ele. Eu me lembro disso desde que era pequeno. Sabia que era um desejo do meu pai, que nunca deixou de me visitar e manteve sempre o contato comigo, o amor e a intimidade. Às vezes essas conversas vinham em tom de brincadeira. Quando eu ainda era pequeno, via nessas conversas promessas sublimes... Por muito tempo não acreditei que esse dia realmente chegaria. Eram realidades totalmente diferentes, mundos totalmente diferentes. É difícil se enxergar em uma realidade até estar totalmente imerso nela.

Cresci ali nos arredores de São Sebastião, um bairro afastado do centro de Brasília, coberto por todas as regalias que o seu Elias e a dona Miriam me puderam oferecer. O mundo se estendia quando meu pai me buscava. Era como se fosse uma expansão do mundo no qual eu só podia adentrar com um passe de acesso, um homem branco, meu querido pai.

Não me foge da cabeça uma das primeiras vezes em que fui a um restaurante da moda, badalado. Eu estava de férias, muito feliz de poder estar na companhia do meu pai, no lugar em que ele morava. Nesse dia estávamos em um parque de diversões. Ele atendeu ao telefone e, quando desligou, me disse que iríamos jantar com alguns amigos dele. Fiquei muito empolgado.

Fomos para o restaurante. Senti o maior orgulho do meu pai. Tão elegante, tão confiante. Tão seguro de si. A confiança dele parecia se expandir até mim. Entrei ao lado dele, sorridente.

Quando chegamos e meu pai foi dar o nome, a hostess recebeu meu pai com uma saudação calorosa. Ator famoso, figura carimbada no restaurante...

Mais uma vez me enchi de orgulho. Impressionado com a elegância do lugar, com a beleza da hostess, sorri para ela e tentei fazer contato visual. Porém, em nenhum momento ela fez questão de olhar para mim ou de falar comigo. Quando perguntou ao meu pai se ele estava acompanhado, ele, surpreso, disse apenas: "Sim, claro, do meu filho". Ela, ainda sem dirigir sequer um olhar para mim, respondeu: "Entendi, só queria confirmar".

Esse tratamento não passou despercebido por mim. Porém me calei. Estufei o peito ao lado do meu pai e segui em frente. Lembrei-me das conversas que sempre tínhamos, de eu nunca me abater diante de atitudes preconceituosas, de eu confiar em mim e seguir em frente.

E **eu** segui!

Enquanto nos dirigíamos para a mesa do elegante restaurante, olhei ao redor e fiquei observando as pessoas ali, naquele lugar. Todos bem-vestidos, sorridentes, visivelmente de classe alta, com bom poder aquisitivo...

O único **negro** era **eu**.

Outra vez, mais recentemente, fomos a um restaurante sofisticado. Coloquei minha melhor roupa, um casaco roxo e uma calça boca de sino, armei um **black** e fui. Ao chegar, eu estava com muita vontade de ir ao banheiro, por isso antes de ir para a mesa decidi passar no toalete. Quando saí, uma moça começou a sorrir e acenar para mim. A princípio pensei que ela estava flertando, e comecei a sorrir de volta. Ela não parava de acenar, e para chegar à minha mesa eu tinha de passar por ela. Assim que me aproximei, ela disse:

"Psiu, garçom, já faz um tempão que eu pedi um drinque, e não veio nada até agora. O serviço de vocês é péssimo".

Respirei fundo, recolhi cada resquício de paciência que em mim habitava naquela noite; olhei para ela e falei: "O que a faz pensar que sou **garçom** aqui?".

OLHARES...

... que filtram, que amam, que odeiam, que molham, que acolhem, que se encontram, que fingem, que repreendem, que duvidam, que furam, que ignoram, que encorajam, que fecham, que aprendem... Olhares que às vezes não precisam ver para sentir.

Olhares: Os lares

De **pai** e **filho**... para o mundo, nossas vozes se elevam com o **peso** das histórias que carregam e a esperança de um futuro mais justo. *Olhares que filtram* não é apenas um relato pessoal; é uma jornada íntima por dentro das complexidades que cercam as famílias **multirraciais**, navegando pelas nuances das relações sociais que moldam nossa sociedade.

As lágrimas contidas e os gritos abafados contidos nestas páginas são um convite para que todos os olhares que nos filtram sejam ressignificados, que não apenas reconheçam a **injustiça**, mas que se levantem contra ela.

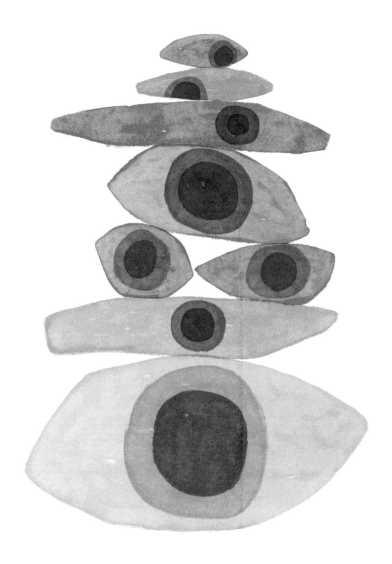

AS PEDRAS DO CAMINHO

Ser um pai presente de uma criança é algo definitivo na vida. Qualquer descuido pode ser irreversível! Suas atitudes, decisões, exemplos, tudo isso atravessa a vida do seu filho. Eu sou cria de "Pãe", minha querida mãe, dona Ronalda, que cumpriu os dois papéis. Trabalhava muito para me dar uma vida digna. No dia dos pais, um dia difícil pra mim, ela fazia ser especial, me levava pra pescar, tomar sorvete, dizia que era meu pai e minha mãe, me agradecendo por a ter escolhido antes mesmo de nascer. Ela me escolheu. E me escolhe até hoje, toda orgulhosa do **neto** e da nossa pequena grande família.

Não economizei forças para descobrir o significado de ser pai.

Minha vida não foi fácil, mas, olhando bem, qual é? Enfrentei muitos desafios ao decidir ser artista. Levei muita pancada, mas conversar com o **Pietro** sobre minhas lutas me ajudava a ter mais disposição ainda para alcançar os meus objetivos. Nossa comunicação foi se tornando telepática; basta um olhar.

Ele já me viu chorando rios, mas abrindo um sorriso ainda mais largo em seguida. Ele já me viu velejar em copos, antes de enfrentar o oceano. Ele já me viu caindo, mas, juntos, voamos bem alto, rumo às estrelas.

Ser pai por meio de exemplo.

O **Pietro** enfrenta muitos desafios; porém, quando o trago para minhas batalhas, tento mostrar que o único caminho é o da superação. Eu temo muito por **ele**, mas me lembro de todas as ferramentas que já lhe entreguei e sei do **homem** capaz que está se formando. Continuo lhe dando exemplos, assim como ele sempre me deu, exaltando seus talentos e lutas para que ele transforme as mais grandiosas pedras nos mais lindos caminhos.

Os desafios são estradas que podem te levar mais longe do que você poderia imaginar.

MIRIAM COUTINHO MIRANDA

Cresci em uma família **preta**, com irmãos **negros**, tios **negros**, vizinhos **negros**. Apesar de ser fruto de uma família multirracial, vivi entre os **negros** desde bebê.

Para **mim**, não havia diferença alguma entre ser **negro** e ser branco. Eu simplesmente cresci cercado de amor. Porque o amor não tem cor. E dona **Miriam** é para mim o sinônimo de amor.

Ela é a **mulher** que me ensinou o amor e o amar, dona de um **coração** magnânimo. **Ela** foi e é o amor mais pulsante que carrego em meu peito, a **mulher** que é meu maior porto seguro. Jeitosa com crianças, a **pessoa** mais carinhosa que conheço, cuidadosa com as pessoas, faz do seu peito a morada das pessoas.

Mulher preta de origem humilde, dona **Miriam** sempre se fez – e se faz – presente em todos os momentos. **Ela** foi – e ainda é – a principal estrutura da minha vida.

Sou membro de uma família atípica. Minha **mãe** é **filha** da **irmã** de seu **Elias**, mas foi criada por **ele** e por dona **Miriam**. Quando meus pais, muito jovens, despreparados, não tinham estrutura para cuidar de um **recém-nascido**, lá estava **ela** novamente, com suas **mãos** hábeis, seu amor transbordante, seu jeito decidido, **me** carregando nos braços, prometendo cuidar de **mim** até que meus pais tivessem condições de me dar uma vida estável.

Pelas histórias que eu conheço, a conexão foi instantânea. Meus pais biológicos me deixaram na casa dos meus **avós** com sete meses de idade. Dona **Miriam** pulou de ponta na minha criação. Assim, não demorou para eu a chamar de **mãe**, de procurar seu **colo**, seu **abraço**. **Ela** sempre estava ali, independentemente do momento. Mesmo já tendo criado seus filhos, o seu vigor se renovou com a minha chegada.

Nos olhos de dona **Miriam** é possível ver o tanto de amor que **ela** já deu para o mundo, olhos que só de olhar você já sente o calor de seus **abraços** e **beijos**. Uma **mulher** incrível, que cura o mundo com seu **amor**.

Dona **Miriam** é a **essência** da minha vida. Eu a chamo de **mãe** e sou muito feliz por ela ter me aceitado como **filho** e entregado todo o seu **amor** e carinho para **mim**.

PALCO VIRTUAL

Meu dia a dia é no palco. Ali, vivencio papéis. E fora dele sou também o pai do Pietro, alguém que sempre temeu os preconceitos que ele pudesse sofrer por causa de sua cor. Não é difícil encontrar situações racistas.

Na vastidão sem fim da internet, onde cada palavra é um grito ecoando por todos os cantos, surge mais uma luta, travada através das telas. Há as boas palavras e há as cruéis. A anonimidade oferecida pela web muitas vezes encoraja comportamentos tóxicos e discriminatórios, permitindo que discursos de ódio e preconceito se espalhem com facilidade.

O impacto desse comportamento vai além do virtual, refletindo-se em sentimentos de exclusão e insegurança na vida.

Cada post, cada comentário, pode ser um gatilho. Uma lembrança de que a internet cria uma assembleia infinita, em que os julgamentos são rápidos, e as sentenças, implacáveis.

A internet pode ser um inimigo anônimo, contra o qual é difícil sair vencedor em uma luta. Temos presenciado muitos atos de racismo e injúria racial. Eu e o Pietro conversamos muito sobre os comentários e os likes que ele recebe nas redes sociais, e **ele** está sempre muito bem orientado e amparado, para não se deixar abater.

Sabemos que muitos crimes de **racismo** e **injúria racial** são cometidos nas redes. Mas não podemos nos calar. Precisamos denunciar, coibir, não achar que é "**brincadeira**".

As redes sociais precisam ser um palco do bem, assim como nos inúmeros palcos da vida.

MATTEO

Ter um irmão ou irmã para te acompanhar na vida é uma coisa linda. Não digo só de irmão de sangue, não, pois existe irmandade que a gente encontra no mundo, nas mais diversas situações, nos mais diferentes lugares.

Encontrei meu **irmão** depois de ter sido chamado de **macaco**. Ele, um **negro retinto**, entendeu a **dor** que dilacerava meu **coração**, embrulhava meu **estômago**, fazia meus **ombros** se curvar. A minha **dor** também era **dele** naquele momento tão difícil para **mim**.

Juntos, embarcamos em uma jornada de busca de **identidade**, pois, acredite em mim, ser seguro e confiante sendo **negro** em nosso país não é para qualquer um. Principalmente em um mundo **racista**, onde nossa **beleza** não é reconhecida nem compreendida. Encontrar um lugar em que você se sinta **pertencente** é ainda mais difícil, porém, naquele momento, tínhamos a **nós mesmos**, e **juntos** desenvolvemos uma **amizade** linda, testemunhando o crescimento um do outro. Ter um **irmão preto retinto** me despertou para outras camadas da luta. Me fez querer construir um mundo melhor. Tenho certeza de que esse mesmo pensamento passa pela cabeça **dele**; fomos unidos pela dor, mas lapidamos nossa irmandade sobre o **amor**. Então eu agradeço por ele **me** fazer ser mais **eu**, por desdoer as palavras de ódio que um dia já me foram faladas e por dividir seus **sorrisos** comigo.

Tenham um **irmão negro**. O mundo muda quando ele te empresta os **olhos**, e você entende que em um só mundo existem diversas realidades.

MEU PAI

Sim, meu pai também é meu coração que bate fora do meu corpo. É assim que ele me vê e é assim que eu o vejo. Sempre o tive como um lar, independentemente do lugar em que estávamos. Sua companhia é doce e reconfortante. Seus olhos carregam um brilho inspirador, e seu coração bombeia toneladas de bondade e amor puro. Seu abraço é o refúgio mais seguro que conheço até hoje.

Ter um pai artista sempre foi um dilema para mim que vivia observando os "pais-padrão" dos meus amigos. Mais jovem, curioso, diferente e ousado.

Meu pai, um homem branco, foi uma das principais figuras que despertaram o orgulho de minha negritude. Foi para ele que perguntei pela primeira vez se eu era negro.

Seus esforços nunca se pouparam em relação a mim, sempre sentia que meu coração batia mais forte quando estava com ele, e, quando nos abraçávamos, eu percebia que era recíproco.

Amo colecionar os sorrisos dele. Gostamos de sonhar juntos, e ele sempre me diz que nenhum sonho é impossível, pois somos do tamanho da nossa curiosidade e de nossos sonhos.

Rainer Cadete é amor, meu grande mentor e acima de tudo o companheiro de vida a quem eu me orgulho diariamente de chamar de pai.

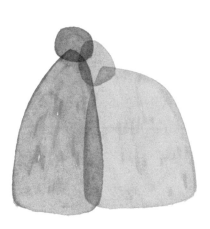

OLHARES QUE FILTRAM

Desde muito cedo aprendi a entender o que os **olhares** dizem. Embora silenciosos, muitos olhares lançados para mim carregavam um **julgamento** implícito, numa tentativa de definir meu lugar na sociedade com base na **cor** da minha **pele**. Desde criança percebi que carregava a **cor** do **preconceito**.

Cresci entre dois mundos – o de meu pai **branco** e o de minha mãe **negra** –, cada um com suas próprias realidades e percepções. Quando me mudei para São Paulo para morar com meu **pai**, a diferença de cor entre mim e ele se potencializou.

Frequentar os mesmos ambientes que ele começou a se tornar um ato de **representatividade** e **resistência**. Eu percebia que muitas pessoas me olhavam de maneira diferente. As que teimavam em não se achar **racistas** me chamavam de exótico, diferente, fora do padrão... Mas o **olhar**... ah, esse era quase sempre o mesmo. Era como se dissessem: "Você não está em seu lugar". Fosse no colégio, fosse no restaurante ou no shopping, eu não estava no lugar certo.

O sentimento de não **pertencimento** do homem **negro** existe e precisa ser eliminado, neste país em que mais de metade dos habitantes é de **negros** e mesmo assim o **racismo** ainda vigora. Descolorir as estatísticas é uma forma de mudar a realidade. **Pretos** no topo também precisam se tornar uma realidade.

Crescer como uma pessoa **negra** em um círculo predominantemente branco é um desafio contínuo, repleto de momentos de discriminação e preconceito velado. No entanto, esses desafios também me fortalecem e me dão uma perspectiva única sobre as relações humanas e a importância da inclusão e da diversidade. Aprendi que, apesar dos **olhares** que filtram e das barreiras impostas, é possível seguir em frente.

Não só seguir em frente, mas expor as **cicatrizes** para o mundo e nunca se envergonhar das origens. Exaltar a voz **negra** que foi abafada por tanto tempo e também mostrar a todos que o amor e o respeito ultrapassam qualquer barreira **étnica**.

Esta é minha história, que, assim como a de muitos outros, é uma lembrança constante de que a luta contra o racismo e o **preconceito** precisa ser contínua. Haverá um dia em que seremos iguais na diferença. Até lá, minha cabeça continuará erguida e disposta a enfrentar o mundo.

Pietro Cadete

Foto: Beto Roma @beto.roma
Locação: Estúdio Roma @estudio_roma
Styling: A-produção @a.produção
Beauty: Silvia Alves @sammedeirosss

RAINER CADETE

Desde muito jovem, fui fascinado pela complexidade das relações humanas e pela riqueza das histórias que cada pessoa carrega. Minha carreira como ator me permitiu explorar diversas facetas da vida e da experiência humana, mas sentia que havia mais a ser dito além dos palcos e das câmeras.

Escrever sempre foi uma paixão silenciosa, uma maneira de dar voz aos pensamentos que não conseguia expressar verbalmente. Foi assim que nasceu a ideia de escrever *Olhares que filtram*. Inspirados por nossas vivências, **Pietro Cadete** e eu exploramos as nuances das dinâmicas familiares em contextos multirraciais, abordando tanto as dores quanto as belezas dessas relações.

Para mim, este livro é um convite à reflexão, um chamado à empatia, e uma tentativa de contribuir para a desconstrução dos preconceitos que ainda permeiam nossa sociedade. Ao compartilhar estas histórias, espero que possamos abrir caminho para um futuro mais inclusivo e compassivo.

Foto: Beto Roma @beto.roma
Locação: Estúdio Roma @estudio_roma
Styling: A-produção @a.produção
Beauty: Silvia Alves @sammedeirosss

PIETRO CADETE

Vim ao mundo no ano de 2007, em Brasília, e lá vivi até o início da adolescência. Filho de ator e de **bailarina**, me encantei pelas artes desde cedo. Tive a oportunidade de morar em diferentes lugares e absorver as essências locais. Em São Paulo, me apaixonei pela literatura, pela magia de ver com outros olhos e de viajar para outros mundos antes mesmo de terminar uma página.

Aos 16 anos, fui para o Rio de Janeiro e fiquei fascinado com os palcos e a representatividade da voz. Participei de montagens teatrais na Casa de Cultura Laura Alvim, e em O Tablado. Juntei-me a diversos movimentos culturais em prol do hip-hop e participei de rodas de rima, como a Batalha do Engenhão e o Coliseu.

Atualmente, aos 17, moro em São Paulo e estudo gastronomia no Instituto de Artes Culinárias Le Cordon Bleu. Acredito que cozinhar é um jeito lindo de demonstrar amor.

O livro *Olhares que filtram* nasceu da inquietação de poeta que trago dentro de **mim** e da vontade de mostrar às pessoas o mundo visto pelos meus olhos.

Foto: Paschoal Rodriguez

NATÁLIA CALAMARI

São as pedras que, embora sólidas, têm a capacidade de filtrar. Neste livro procurei ilustrar a poesia dos depoimentos de Rainer e de Pietro – nome que vem de *petrus*, pedra, rocha. Procurei, nas camadas onde essa rocha se forma, as metáforas para sua força, seu peso, sua resistência, sua porosidade, seus arranjos, possibilidades e transparências para interpretar as difíceis, constrangedoras e injustas situações enfrentadas pelo **negro**, que conta com a sabedoria de seus ancestrais para **con**viver e **sobre**viver em sociedades discriminatórias. As nuances da cor preta são como os contrapontos entre pai e **filho**, as camadas da convivência, os caminhos possíveis.

Sou antropóloga e trabalho com edição de livros para crianças e adultos, ilustração e animação. Também participo de projetos de oficinas educativas e jogos digitais.

É uma satisfação caminhar junto de quem busca combater o **racismo** e transformar as próprias crenças.

Este livro foi composto com a tipografia **Ubuntu** e
Bebas Neue e impresso no inverno de 2024.